KB043524

사랑스런 소녀들의
행복한 컬러링 여행

사랑스런 소녀들의
행복한 컬러링 여행

초판 1쇄 인쇄 | 2022년 9월 10일
초판 1쇄 발행 | 2022년 9월 15일
지은이 | 윤영화
펴낸곳 | 태을출판사
펴낸이 | 최원준
등록번호 | 제1973.1.10(제4-10호)
주소 | 서울시 중구 동화동 제 52-107호(동아빌딩 내)
전화 | 02-2237-5577 **팩스** | 02-2233-6166
ISBN 978-89-493-0671-1   13740

■ 이 책의 저작권은 태을출판사에 있으므로 출판사의 허락없이 무단으로
  복제, 복사, 인용 하는 것은 법으로 금지 되어 있습니다.

사랑스런 소녀들의
행복한 컬러링 여행

윤영화 지음

태을출판사

프롤로그

○

매일매일 주어진 삶을 사랑하고 여유와 행복을 찾고 싶을 때, 기억력 강화와 집중력을 키우고 싶을 때, 여행을 가고 싶은데 이런 저런 이유로 떠나지 못할 때…….
꽃처럼 예쁜 도시들과 꿈 같은 유적지들의 풍경을 사랑스런 소녀들의 발길을 따라 듣기만 해도 설레는 중세와 현대가 공존하는 유럽의 어느 도시를 걸어보기도 하고, 유럽의 어느 카페에서 차를 마셔보며 꿈과 낭만이 있는 컬러링을 하며 힐링의 시간을 가져 보아요.

스페인 그라나다, 이탈리아 리구리아, 신케테레, 베로나, 물 위의 도시 베네치아, 산타 마리아 성당, 리알토 다리, 루카, 친퀘테레, 피사의 사탑, 덴마크 코펜하겐, 파리 몽마르트르 언덕, 사크레쾨르 성당, 에펠탑, 시계탑, 런던 세인트 폴 성당, 유럽의 한 마을, 네덜란드 풍차, 벨기에 브뤼헤 운하, 중세 저택, 체코 프라하 성, 그리스 산토리니, 크레타 헤라클리온, 네덜란드 암스테르담, 델프트, 스웨덴 스톡홀름, 감라스탄 성, 니콜라스 교회, 스톡홀름 대성당, 포르투갈 리스본, 리스본의 노란색 28번 전차, 러시아 상트페테르부르크, 스페인 모스크, 코르도바 대성당, 과달키비르강, 미국 샌프란시스코, 라트비아 리가, 다우가바 강, 리가 대성당, 성 베드로 성당, 성 야고보 대성당 등 영화나 다큐멘터리의 촬영 장소로 보던 세계의 유명한 도시들과 꿈꾸는 소녀들을 색칠하며 컬러링 여행을 떠나 보세요.

그림 하나하나에 집중하다 보면 뇌신경과 손근육을 자극해 스트레스를 잊게 해 주고, 인내심을 길러주어 정서적 안정을 주는 행복한 삶으로 만들어 줄 것입니다!

색연필, 마커, 싸인펜, 물감 등을 이용해서 미리 채색된 그림을 참고 삼아 그대로 색칠하거나, 상상력을 발휘하여 재미있게 마음껏 색칠해 보세요!!

이 책의 활용방법 및 특징

1. 구성

이 책은 듣기만 해도 설레는 꽃처럼 예쁘고 아름다운 세계 유명한 곳들로 구성된 사랑스런 소녀들의 신나는 컬러링 여행북입니다. 그림 하나하나에 나만의 색을 담아 꿈과 낭만을 싣고 세계 여행 컬러링을 시작해 보세요. 미리 채색된 그림을 참고해서 색칠하여도 좋고, 상상력을 발휘하여 마음껏 색칠해도 좋습니다.

2. 재료

색연필을 기본으로 연필이나 파스텔, 크레파스 등 다양한 도구로도 활용 가능합니다.

– 유성 색연필 : 일반적인 색연필로 여러 번 덧칠하지 않아도 강한 색감과 부드러운 색감을 낼 수 있으며, 재료가 오일과 왁스이기 때문에 쉽게 지워지지 않습니다.

– 수성 색연필 : 물에 풀어지는 습성이 있어서 색칠 뒤 물을 사용하면 점점 농도가 낮아지고, 수채화처럼 표현이 가능합니다. (도구: 워터브러쉬)

3. 그리기 팁

– 연한 색부터 시작하여 진한 색 순서로 색칠 하세요.

– 넓은 면부터 먼저 색칠 하고 점차 좁은 면으로 색칠 하세요.

– 유성 색연필과 수성 색연필을 혼합하여 그려보세요.

– 색을 혼합해서 칠할 때는 밝은 색상을 먼저 칠한 다음, 어두운 색상을 칠하는 방법으로 색을 혼합합니다.

– 세밀하게 표현을 해야 할 경우 펜을 사용하세요.

– 색연필은 힘 조절과 각도, 색 혼합 이 세가지만 알고 계셔도 다양하고 효과적인 표현을 할 수 있습니다.

– 색연필을 사용할 때는 심을 길게 깎지 말고 짧게 깎아 사용하는 편이 좋습니다.

– 색연필의 심이 닿아서 두꺼운 선을 그리고, 색연필을 반대로 돌려서 뾰쪽해진 부분이 종이에 닿게 그리면 실력이 늘고 섬세한 작업을 할 수 있습니다.

파리 사크레쾨르 성당

몽마르트르의 사크레쾨르 성당과
아름다운 패셔니스트 소녀

스페인 그라나다

그라나다에서 자전거 타는
아름다운 패셔니스트 소녀

빨강 머리 소녀

아름답고 귀여운 낭만적인 빨강 머리 소녀와
소녀의 예쁜 드레스, 신발, 안경, 모자

10

이탈리아 신케테레

리구리아 신케테레 국립공원의
귀여운 고양이와 아름다운 패셔니스트 소녀

이탈리아 리구리아

리구리아 베르나차 마을 입구에서
선글라스를 쓴 귀여운 금발 소녀

백조의 호수 발레리나

사뿐사뿐 아름다운 자태를 뽐내는
사랑스러운 소녀 발레리나

16

벨기에 브뤼헤 운하

브뤼헤 운하의 아름다운 중세 저택과 교회,
안경을 쓴 노랑머리의 아름다운 소녀

덴마크 코펜하겐

수도 코펜하겐 구시가지
오래된 집들과 배들의 화려한 파사드가 있는
항구의 매력적인 두 소녀

런던 세인트 폴 성당

영국 밀레니엄 브리지와
세인트 폴 성당의 귀여운 소녀

비 오는 유럽의 풍경

오래된 유럽 도시 거리 풍경에서
비 오는 날 빨강 우산을 쓴 아름다운 소녀

유럽의 한 마을

뜨거운 여름날 유럽의 마을을 카메라에
담고 있는 귀여운 소녀

네덜란드 풍차

풍차가 있는 앙글라 마을
카페에서 차를 마시는 소녀

28

체코 프라하

아름다운 프라하의 찰스 다리 위에서
추억을 카메라에 담고 있는 두 소녀

그리스 크레타 헤라클리온

크레타의 헤라클리온을 여행하는
흰색 모자를 쓴 사랑스러운 소녀

네덜란드 암스테르담

네덜란드의 전통 가옥과 가로등을 배경으로 한
암스테르담의 거리에서 셀카 찍는 귀여운 소녀

네덜란드 델프트

델프트의 아름다운 빨간 중세 저택,
다리와 가로등 앞에 서있는 귀여운 소녀

파리 에펠탑

에펠탑이 내려다 보이는 세느강을
거니는 아름다운 패셔니스트 소녀

스웨덴 스톡홀름

스톡홀름에 있는 감라스탄 성 니콜라스 교회,
스톡홀름 대성당과 아름다운 소녀

그리스의 산토리니

산토리니 마을의
당나귀와 머리에 스카프를
두른 귀여운 소녀

42

포르투갈 리스본

리스본 해안가 마을에서 고양이와
함께 여행을 즐기는 귀여운 소녀

44

리스본의 노란색 28번 전차

포르투갈 리스본의 가장 오래된 노란색 28번 전차
를 기다리는 아름다운 소녀

암스테르담 여행

네덜란드 전통 저택들을 지나 암스테르담의 운하를
산책하는 귀여운 두 소녀

이탈리아 친퀘테레

제일 가보고 싶은 유럽 여행지 1위에 선정된
5개의 해안마을 친퀘테레의
귀여운 강아지와 아름다운 소녀

50

러시아 상트페테르부르크

상트페테르부르크 거리를 여행하는
매력적인 패셔니스트 소녀

스페인 모스크

안달루시아 중심지 중 하나인 아름다운 코르도바 대성당과
과달키비르강을 여행하는 귀여운 소녀

벨기에 브뤼헤

수로가 도시 전체를 가로 지르고 있는 물의 도시 브뤼헤,
중세 저택과 자연환경에 녹아들며 생겨난 아름다운 경치를
여행하는 사랑스런 소녀

이탈리아 베로나

베로나의 아름다운 강 제방과 타워를
여행하는 귀여운 패셔니스트 소녀

그리스 산토리니

푸른 바다의 산토리니 섬과
전통 돔 교회 앞의 말괄량이 소녀

소녀의 패션

유행을 창조하는 패셔니스트 소녀

이탈리아 피사의 사탑

피사의 사탑 앞에
앉아 있는 귀여운 소녀

미국 샌프란시스코

항해 문화와 첨단기술이 만난 샌프란시스코에서
도우넛과 차를 마시며 여행하는 두 소녀

체코 프라하 성

프라하 블타바강 맞은편 언덕에 자리잡은 프라하 성,
카를교가 있는 프라하 풍경을 카메라로 담는 아름다운 소녀

라트비아 리가

리가의 다우가바 강, 리가 대성당,
성 베드로 성당, 성 야고보 대성당 주변에서
킥보드를 타는 귀여운 소녀

이탈리아 베네치아

산타 마리아 성당 앞 곤돌라와
유럽의 여름날을 즐기는 귀여운 소녀들

72

프랑스 파리

파리의 시계탑 앞에서 강아지와 함께
자전거를 타는 아름다운 소녀

75

이탈리아 리알토 다리

베네치아의 대운하를 가로지르는
리알토 다리 근처의 귀여운 소녀

이탈리아 루카

이탈리아의 타원형 도시 광장 루카,
빨간 헤드폰을 쓴 아름다운 전화 교환원